Pferdegeschichten

Anne Braun • Sigrid Heuck • Klaus-Peter Wolf

Gondrom

© für diese Sonderausgabe:
Gondrom Verlag GmbH, Bindlach
ISBN 3-8112-1769-0

Der Umwelt zuliebe gedruckt auf
chlorfrei gebleichtem Papier.

Inhalt

Ponyrennen mit Hindernissen

Svenja, Timo und neun andere Kinder hatten eine aufregende Woche auf dem Ponyhof hinter sich. Inzwischen kannten sie die fünfzehn Ponys längst mit Namen. Sie waren täglich auf ihnen geritten, hatten sie gefüttert und auch beim Ausmisten geholfen.

Heute, am Sonntagnachmittag, würden die Eltern kommen, um ihre Kinder abzuholen. Doch

zum Abschluss gab es noch etwas ganz Besonderes: ein Kutschenrennen mit Preisen. Svenja
und Timo konnten es kaum erwarten.

Bei der Auslosung am Vorabend hatten ausge-
rechnet Svenja und Timo die beiden schnellsten

Ponys zugeteilt bekommen. Jeder der beiden wollte unbedingt gewinnen. Das würde ein spannendes Kopf-an-Kopf-Rennen werden!

Als alle Eltern angekommen waren, spannten die Kinder auf dem großen Hof ihre Ponys ein.

„Dir werd ich's zeigen!", dachte Timo und warf einen Seitenblick auf Svenja.

„Du wirst dich noch wundern, wenn du denkst, dass du gewinnst", dachte Svenja und warf einen Seitenblick auf Timo.

Als das Startkommando ertönte, ließen die Kinder ihre Ponys losstürmen. Bald lagen Svenja und Timo in Führung. Der Wind pfiff ihnen um die Ohren, und sie hörten das gleichmäßige Getrappel der Ponyhufe.

Jetzt kam ein kleines Waldstück. Die beiden kannten die Strecke gut und bereiteten sich auf eine scharfe Rechtskurve vor.

Um Timo endgültig abzuschütteln, beschloss Svenja, die Kurve abzukürzen. Sie zog heftig am rechten Zügel. Ihr Pony gehorchte und geriet auf den weichen Waldboden. Plötzlich gab der Boden unter dem linken Vorderhuf nach. Ein Mauseloch! Das Pony strauchelte, und die Kutsche samt Svenja kippte um.

„Au!", schrie Svenja. „Mein Bein ist eingeklemmt."

Timo, der hinter ihr die scharfe Kurve sauber ausfuhr, lenkte sofort sein Pony seitlich auf die Wiese und stoppte. Dann rannte er zu Svenja.

Da die Kutsche zum Glück recht leicht war, konnte Timo sie ein Stück hochheben. Svenja zog ihr Bein hervor und schrie auf.

„Warte, ich hole Hilfe!", rief Timo. Er schirrte sein Pony aus und ritt schnell zum Ponyhof zurück.

Beate, die Frau des Ponyhofbesitzers, war Krankenschwester und kam sofort zur Unfallstelle. „Du hast ganz schön Glück gehabt!", sagte sie zu Svenja. „Dein Fuß ist nur leicht verstaucht. Und dem Pony ist auch nichts passiert. Sogar die Kutsche ist heil geblieben."

„Tut mir Leid, dass dir meinetwegen der erste Preis flöten ging", murmelte Svenja. Sie saß neben Timo auf der Bank beim Ziel und rieb sich das noch etwas schmerzende Schienbein.

„Ach, das macht doch nichts", meinte Timo. „Hauptsache, du bist gesund!"

„Trotzdem danke!", sagte Svenja und lächelte Timo an.

Der lächelte zurück. Nach dem Rennen fand die Preisverleihung statt. Alle klatschten, als Beate den ersten Preis an Bianca, den zweiten an Britta und den dritten an Yvonne übergab. Dann sagte sie: „Ich hoffe, dass es euch allen hier gefallen hat. Und kommt bald wieder! Ach, beinahe hätte ich noch etwas vergessen. Ausnahmsweise wird heute noch ein Sonderpreis verliehen. Er besteht aus fünf Gratis-Reitstunden. Dieser Preis geht an Timo Müller, weil er nicht nur sportlich, sondern auch hilfsbereit war."

Vor Freude bekam Timo einen ganz roten Kopf. Svenja gab ihm einen Schubs. „Los, geh schon!", flüsterte sie.

Langsam setzte sich Timo in Bewegung. Und der Applaus, der jetzt ertönte, war der lauteste der ganzen Preisverleihung.

Anne Braun

Tina und Mucki

Tina war ein kleines Mädchen und Mucki eine Shetlandponystute. Mucki gehörte Tina. In ihren Augen war sie das schönste Pony auf der ganzen Welt. Ihr Fell glänzte tiefschwarz, die Nüstern waren so weich wie das Samtkleid von Tinas Mutter und ihr Schweif schleifte auf dem Boden, so lang war er.

Tina versorgte Mucki selbst.

Sie gab ihr Futter und Wasser, putzte sie und manchmal spannte sie sie vor einen Wagen oder ritt auf ihr. Sie freute sich immer, wenn die Leute auf der Straße stehen blieben und Mucki bewunderten.

Eines Tages erfuhr Tina, dass ganz in ihrer Nähe ein Schönheitswettbewerb für Shetlandponys stattfinden sollte. Sie beschloss sofort Mucki dort vorzustellen.

Am Ausstellungstag wurde Mucki besonders sorgfältig geputzt. Tina wichste ihre Hufe, bis sie glänzten. Sie bürstete ihren Schweif und ihre Mähne, bis sie ganz locker waren, und fuhr ihr schließlich mit einem in Öl getränkten Tuch über das Fell.

Auf dem Platz, auf dem der Wettbewerb statt-

finden sollte, warteten schon viele andere Ponys.
Schimmel, Rappen und Braune standen da. Ein
Fuchs zerrte ungeduldig an seiner Führleine und
ein Schecke wieherte und stieg.

Jedes Tier wurde im Stand, im Schritt und im
Trab vorgestellt.

Tina und Mucki waren sehr aufgeregt, als sie an der Reihe waren. Mucki wollte nicht ruhig stehen bleiben und traben wollte sie auch nicht. Sie fand Galoppieren besser. Die vielen Zuschauer störten sie und die bunten flatternden Fahnen. Tina hatte es nicht leicht mit ihr.

Nachdem die Preisrichter alle Ponys betrachtet hatten, zogen sie sich zu einer Beratung zurück.

„Achtung!", ertönte endlich die Lautsprecherstimme. „Wir geben die Preisträger bekannt!"

Tina spitzte die Ohren. Im Geheimen sah sie ihr Pony schon mit dem Siegeskranz.

„Den dritten Preis erhält die Stute Silvia."

Viele Leute klatschten Beifall.

„Den zweiten Preis der Hengst Rasso!"

Das war der ungeduldige Schecke.

„Und Siegerin ist die Fuchsstute Tanja!"

Die Kapelle spielte einen Tusch und der Besitzer freute sich riesig.

Da ging Tina auf, dass Mucki nicht gewonnen hatte. Beinahe hätte sie vor Enttäuschung geweint.

Doch dann, nachdem sie etwas darüber nach-gedacht hatte, flüsterte sie ihrem Pony ins Ohr:

„Eigentlich ist es mir gleich, ob die Preisrichter dich schön finden oder nicht. Für mich bleibst du trotzdem das schönste Pony auf der ganzen Welt und außerdem auch noch das liebste."

Daraufhin schüttelte Mucki ihren Kopf, als woll-te sie sagen: Mir ist es auch gleich und im Übrigen ist mir eine saftige Mohrrübe viel lieber als ein Preis und eine Schleife.

Sigrid Heuck

Max und Maxi

Max war ein Kirmespferd. Für eine Mark durften Kinder auf ihm reiten.

Max war gut zu Kindern. Nie warf er eins ab. Manchmal zappelten die Kinder arg im Sattel hin und her. Einige klammerten sich in seiner Mähne fest, was ganz schön weh tat. Max blieb geduldig.

Ein kleines Mädchen mochte Max besonders gern. Es hieß fast so wie er – nämlich Maxi.

Maxi kannte die Stelle an Max' Rücken, die ihn besonders oft juckte. Dort kratzte Maxi ihn und Max schnaubte dann froh.

Maxi konnte die Stelle gut erreichen, wenn sie im Sattel saß. Aber jeder Ritt kostete eine Mark und Maxi konnte nicht den ganzen Tag auf Max reiten.

Was Max an der Arbeit als Kirmespferd beson-

Bitte nicht
füttern

ders störte, waren die Scheuklappen vor seinen Augen. Sie zwangen ihn geradeaus zu gucken. So sah er nur, was direkt vor seiner Nase passierte. Genauer gesagt, er guckte von morgens bis abends auf den breiten Hintern von Sheriff, dem Ackergaul, der furzen konnte wie kein Zweiter.

Mindestens zweimal am Tag war es eine Beleidigung für Max' Nase hinter Sheriff im Kreis zu trotten.

Trotzdem musste Max es tun. Jeden Tag immer und immer wieder, denn Max war ja ein Kirmespferd und zog mit seinen Leuten von einer Stadt zur anderen. Wo Max auch hinkam, überall fanden die Kinder ihn „süß" oder „niedlich". Sie bettelten ihre Eltern um eine Mark an, dann wurden sie auf Max gehoben und er trug sie ein paar Runden.

Am schlimmsten fand Max die kleinen Reiter, die auf ihm saßen und laut kreischten. Denn dann erschrak er jedes Mal. Watte in den Ohren wäre ihm viel lieber gewesen als Scheuklappen vor den Augen.

Bonbons bekam Max oft von den Kindern. Auch viele lobende Worte über sein weiches Fell und seinen ruhigen Gang. Aber seine fürchterlich

juckende Stelle, die fand außer Maxi kein Kind. Max wurde oft gestreichelt, aber nie an der richtigen Stelle gekratzt.

Leider kam Max nur alle sechs Monate in Maxis Stadt. Aber dann war Maxi immer da um ihn zu reiten, ihn zu kratzen und ihm Witze zu erzählen.

Einmal gab sie ihm sogar von ihrem Popcorn ab.

Maxi hatte es gut. Sie wohnte dem Kirmesplatz genau gegenüber. So konnte sie ihren Freund Max nie verpassen.

Diesmal hat sie sich für Max etwas ganz Besonderes ausgedacht: ein Geschenk.

Heute will sie nicht auf Max reiten, sondern ihm mit einer Striegelbürste das Fell kräftig durchkämmen. Sie hat die Bürste extra für Max auf dem Flohmarkt gekauft.

Ganz früh am Morgen rennt Maxi auf den Kirmesplatz. Noch sind gar nicht alle Karussells

aufgebaut, aber Maxi interessiert sich ja nicht für das Riesenrad und die Geisterbahn. Sie will zu Max. Er empfängt sie mit einem Schnauben.

Er sieht die Bürste in ihrer Hand und freut sich schon.

Maxi fragt den Pferdebesitzer, ob sie Max striegeln darf. Er ist einverstanden. Jedes Mal, wenn die Bürste ihn berührt, zuckt Max' Fell wie elektrisiert.

O ja, das gefällt Max. Endlich wird er mal wieder so richtig geschubbert.

Sorgfältig bürstet Maxi den Staub aus seinem Fell und scheucht alle kleinen Insekten aus ihren Nestern. Sogar eine Zecke entdeckt sie unter seinem Bauch. Die Zecke ist schon ganz dick vollgesogen. Maxi nennt die Zecken „kleine Vampire". Sie träufelt Öl darauf, denn sie weiß, Öl mögen Zecken gar nicht. Bald wird sie Max loslassen und von ihm abfallen.

Dann endlich, ganz zuletzt, fährt Maxi mit ihrer Bürste über die Stelle an Max' Rücken, die besonders juckt. Vor Freude stampft er mit den Hufen auf.

Endlich, endlich ist seine Freundin Maxi wieder da. Die beste Rückenkratzerin der Welt.

Da stupst eine große Schnauze Maxi von hinten an. Sie dreht sich um. Hinter ihr steht Sheriff. Auch er möchte gestriegelt werden.

„Na gut", sagt Maxi. „Warte es ab. Gleich bist du dran."

Klaus-Peter Wolf

Ein aufregender Geburtstag

„Was? Du willst deine ganze Klasse einladen?", fragte Markus' Mutter überrascht.

„Klar, man wird schließlich nur einmal im Leben acht, oder?", fragte Markus zurück.

Und natürlich darf er ein Fest feiern, wie er es sich gewünscht hat: mit einem Picknick im Grünen und seiner ganzen Klasse.

Markus' Eltern haben einen Ponyhof. Deswegen freuen sich die Gäste doppelt. Denn es ist nicht nur eine Geburtstagsfeier. Jeder darf auch reiten. Die Ponys sind alle sehr zahm.

Zum Glück ist an Markus' Geburtstag herrliches Wetter. Die Kinder haben viel Spaß. Nachdem jedes Kind geritten ist, machen sie im Hof vor dem Stall Spiele: Sackhüpfen und Mohrenkopfwett-essen.

An die Ponys denkt niemand mehr. Auch nicht, als Markus' Mutter, die gerade frische Limonade bringt, zum Himmel schaut und sagt: „Diese Wolken dort hinten gefallen mir nicht. Das sieht nach einem Gewitter aus."

„Niemals, Mami!", ruft Markus entrüstet. „An meinem Geburtstag regnet es nicht."

„Wenn das so ist", sagt seine Mutter nur und verschwindet wieder im Haus. Plötzlich fallen die ersten Tropfen. In der Ferne dröhnt ein Donnerschlag. „Die Ponys sind noch auf der Weide!", ruft Markus. „Kommt alle mit! Wir müssen sie einfangen."

Die zwanzig Kinder stürmen zur Weide. Übermütig versuchen sie, die Ponys einzufangen. Das ist gar nicht so einfach. Die Ponys rennen nervös über die Weide.

Doch die Kinder sind in der Überzahl. Bald sind alle Ponys in Sicherheit. Bis auf eines: Waldemar. Er entwischt durch das offene Gatter. Markus ruft

den anderen zu: „Alex und ich laufen ihm nach. Bringt ihr inzwischen die Ponys in den Stall."

Markus und Alex rennen, so schnell sie können. Vor lauter Regen können sie kaum etwas sehen.

„Da vorne!", schreit Alex plötzlich. Waldemar steht vor einem Bach und traut sich nicht weiter.

„Waldemar!", ruft Markus glücklich. „Was machst du denn für Sachen?"

Klatschnass kehren Markus und Alex mit Waldemar zum Ponyhof zurück. Markus reitet auf seinem Rücken. Die anderen Kinder begrüßen die beiden mit „Zum Geburtstag viel Glück!" und tanzen neben dem Pony her. Der Regen hat nachgelassen.

Die Kinder feiern in der großen Scheune weiter. Erschöpft lassen sie sich auf den Holzbänken nieder und stärken sich erst mal mit Würstchen.

„Das war vielleicht spannend", sagt Alex.

„Und lustig", fügt Maria hinzu. „Aber ich finde es eine Frechheit, dass es an meinem Geburtstag geregnet hat!", ruft Markus. Doch dabei grinst er von einem Ohr zum anderen. *Anne Braun*

Lilliput

Lilliput war eine freche kleine Schimmelstute. Unter ihrem langen Mähnenschopf blitzten dunkle Augen und das sah immer so aus, als wollte sie sich über alles lustig machen. Sie gehörte zu unserer Ponyherde.

Eines Tages entdeckte Lilliput, dass man sich unter einem Weidezaun durchwälzen kann. Und weil sie sehr freiheitsliebend war, gefiel es ihr draußen besser als auf der Weide bei den anderen Ponys.

Zuerst lief sie durch das Dorf. Beim Dorfkrämer klaute sie einen Apfel. Beim Huberbauern fraß sie den Hühnern das Futter weg und beim Schmied schaute sie kurz in die Werkstatt.

Doch als der Stefan und die Sabine mit dem Schulranzen auf dem Rücken die Straße hinunterkamen, lief Lilliput gleich hinter ihnen her. Der

Schulranzen von Stefan duftete nach Brot und die Rocktasche von Sabine nach Äpfeln.

Die Schule war im Nachbardorf. Lilliput war sehr traurig, als die Kinder im Schulhaus verschwanden, und sie blieb in der Nähe, bis es zur großen Pause klingelte.

Alle Kinder stürzten hinaus. Das Pony wurde gestreichelt, gekrault und gefüttert, was ihm sehr gut gefiel.

Deshalb wartete es im Schulhof, bis die Schule aus war, und begleitete dann Stefan und Sabine nach Hause. Es wälzte sich unter dem Zaun durch, gesellte sich zu den anderen Ponys und tat so, als wenn nichts geschehen wäre.

So ging das mehrere Tage lang. Doch eines Morgens klingelte bei uns das Telefon.

„Vermissen Sie vielleicht ein kleines weißes Pony?", fragte mich der Lehrer aus dem Nachbardorf.

„Ich glaube nicht", sagte ich vorsichtig. Bei einer großen Ponyherde weiß man nämlich nie genau, ob man eines vermisst oder nicht.

„Es muss aber eines von Ihnen sein", sagte der Lehrer. „Es gibt sonst keine Ponys in der Gegend."

Da hatte er Recht.

„Wo ist es?", fragte ich.

„Es kommt seit einigen Tagen in die Schule. Solange es im Hof blieb, störte es nicht. Aber heute stieg es die Treppe hoch und lief den Gang entlang bis in das Klassenzimmer. Das geht zu weit! Bringen Sie einmal dreißig Kindern das Einmaleins bei, während ein kleines Pony zwischen den Bankreihen herumläuft und unter die Tische schaut!"

Das sah ich ein und ich machte mich gleich auf

den Weg ins Nachbardorf um Lilliput in der Schule abzuholen.

Es war nicht leicht ihr klarzumachen, dass sie dort nichts verloren hatte. Für ein Pony ist das Einmaleins nicht so wichtig wie für Kinder.

Sigrid Heuck

Peters Pfeifenputzerpferd

Das Pferd Fridolin wurde in einem Wohnwagen geboren. Genauer gesagt: auf dem Klapptischchen im Wohnwagen. Geboren ist eigentlich nicht das richtige Wort. Fridolin wurde gebastelt. Aus zwei Pfeifenputzern. Einem roten und einem weißen.

Fridolin hatte lange, struppige Beine und rote Schlappohren. Fridolin fand sich schön. Er freute sich auf eine grüne Weide, frisches Gras und viel Auslauf. Aber dann erschrak Fridolin, denn an sein rechtes Vorderbein wurde ein Plastikröhrchen gebunden.

Fridolin wollte laut rufen: „He, was soll das?" Aber niemand hörte ihn. Denn Fridolin war ein Pfeifenputzerpferd für die Schießbude.

Mit seinem Plastikröhrchen am Bein wurde er neben Stoffblumen, bunten Federn, Teddybären, Anhängern und Schornsteinfegern an ein Regal gefesselt.

Der Schornsteinfeger neben Fridolin war aus schwarzen Pfeifenputzern und trug eine Leiter aus Pappe auf seinem Rücken. Wieder wollte Fridolin rufen: „Was soll der Quatsch? Pferde gehören auf die Weide! Schornsteinfeger auf Hausdächer!"

Doch Fridolins Pferdemaul blieb stumm. Nicht einmal der Schornsteinfeger hörte ihn.

Dann sah Fridolin Menschen. Sie aßen große, weiße Wolken am Stiel. Die nannten sie Zuckerwatte.

Einige Menschen schossen kleine runde Kugeln auf das Plastikröhrchen an Fridolins Bein ab. Aber sie trafen nicht. Hinter Fridolin klatschten die Kugeln an die Wand und fielen dann platt herunter. Eine Kugel streifte Fridolins Schlappohr. Das tat ganz schön weh.

Das Röhrchen von dem dicken Teddybären lag besonders oft unter Beschuss. Als auch der letzte Rest des Röhrchens entzweigeschossen war, nahm der Budenbesitzer den Teddy und reichte ihn an einen Mann weiter. Der Mann gab den Teddy der jungen Frau, die neben ihm stand. Sie drückte den Teddy und küsste ihn.

„Der hat es gut", dachte Fridolin. „Hoffentlich holt mich auch bald jemand ab. Hier will ich nicht bleiben. Ich will zu Leuten, die mit mir reden. Ich will auch geküsst werden!"

Aber die meisten Schützen kümmerten sich nicht um Fridolin.

Fridolin wurde sehr traurig, denn tagelang traf niemand sein Röhrchen. Nicht einmal aus Verse-

hen. Gern wäre er einfach davongaloppiert, aber die Fesseln waren zu fest.

Da erschien der kleine Peter mit seiner Mutter am Schießstand. Peter liebte Pferde.

„Mama", sagte Peter, „Mama, bitte schieß mir dieses schöne Pferd da!"

Doch die schüttelte den Kopf. „Ich kann so etwas nicht. Ich hab' noch nie geschossen."

Sie wollte Peter weiterziehen, aber Peter hielt sich an der Schießbude fest.

„Versuch es, Mama! Bitte!"

„Ja, los, versuch es!", dachte Fridolin. Nur zu gern wäre er mit Peter weggeritten. Er mochte Peters lustige Augen.

„Bitte, Mama, versuch es! Ich wünsch' mir schon so lange ein Pferd und ein richtiges kriege ich ja doch nie!"

„Ich bin ein richtiges Pferd!", versuchte Fridolin zu rufen. „Ein richtiges Pfeifenputzerpferd!"

Der Budenbesitzer hielt der Mutter das Gewehr augenzwinkernd hin.

„Sie meinen wirklich, ich soll ..."

Er nickte.

„Eigentlich ist das ja Männersache", raunte Peters Mutter. Aber dann nahm sie das Gewehr und sagte laut: „Wir sind bis heute ohne deinen Papa ausgekommen, da brauchen wir ihn jetzt auch nicht!"

Die Mutter legte an und zielte. Der Lauf des Gewehrs wackelte ziemlich stark. Peter drückte seiner Mutter die Daumen ... und tatsächlich! Gleich der erste Schuss traf. Von dem Plastikröhrchen zersprang fast die Hälfte.

In Fridolin jubelte alles: „Gleich bin ich frei!"

„Getroffen! Du hast getroffen, Mama! Du bist ein richtiger Papa!", lachte Peter. Fast ein bisschen erschrocken fragte die Mutter den Budenbesitzer: „Bekommen wir jetzt das Pferdchen?"

Der schüttelte den Kopf. „Nein. Sie müssen das Röhrchen ganz abschießen. Das letzte Stückchen muss auch noch weg."

„Wie teuer ist denn ein Schuss?"

„Fünfzig Pfennig." Mutter schüttelte den Kopf. „Was? So teuer? Dann vergessen wir das ganze lieber."

Peter griff in seine Jacke, kramte ein Fünfzig-pfennigstück hervor und gab es seiner Mutter.

„Bitte, Mama!"

Sie schüttelte den Kopf. „Aber Peter. Das ist dein letztes Geld. Was, wenn ich nicht treffe! Das Röhrchen ist jetzt viel kleiner. Gerade das war nur ein Glückstreffer. Anfängerglück."

„Bitte, Mama!", bettelte Peter. „Du bist auch die beste Mama der Welt."

„Na gut", sagte sie, hob das Gewehr, zielte und traf.

Fridolins Fessel zerbrach.

Schon hielt Peter Fridolin in der Hand und sagte: „Ich werde dich lieb haben, als ob du ein richtiges Pferd wärst."

„Aber", rief Fridolin. „Ich bin doch echt! Sieh genau hin! Ich bin ein echtes Pfeifenputzerpferd!"

Klaus-Peter Wolf

Mohrle und Felix

Seit ein paar Tagen geht Felix immer wieder zu der Weide beim Ponyhof. Auf dieser Weide stehen viele Ponys: braune, weiße, gescheckte und auch ein ganz schwarzes. Dieses schwarze Pony ist Felix' Lieblingspony. Ihm bringt er immer etwas mit: ein Stück Würfelzucker, einen Apfel oder eine Karotte. Inzwischen kennt es ihn schon. Es kommt immer an den Zaun gelaufen, wenn er „Mohrle" ruft.

„Mist!", denkt Felix. „Warum kann ich kein eigenes Pony haben?" Er wünscht es sich so sehr. Aber solange sein Vater noch arbeitslos ist, können die Eltern Felix nicht mal seine Reitstunden bezahlen.

Felix seufzt. Er streckt seine Hand zwischen den Drähten des Zauns hindurch und krault „sein" Pony an den frechen Ponyfransen, die bis über seine blitzenden Augen fallen. Das gefällt Mohrle. Er schaut Felix dabei immer mit seinen großen, dunkelbraunen Augen an.

Wie gerne würde Felix einmal auf ihm reiten. „Na, was meinst du dazu, Mohrle?", fragt er das Pony.

Mohrle schüttelt seine schwarze Mähne. Das heißt eindeutig ja. Felix hat noch nie gesehen, dass jemand auf ihm geritten war. Die anderen Ponys durften oft ausreiten.

„Hey, was machst du da mit meinem Blacky?", hört Felix plötzlich eine Stimme hinter sich.

Felix dreht den Kopf. Hinter ihm steht ein hüb-

sches blondes Mädchen im Reitdress, mit Reiter-
kappe und Gerte. „Oh, nichts, entschuldige", sagt
Felix betreten. Er wendet sich ab und geht auf die
andere Seite des Gatters. Von dort aus beobach-
tet er die anderen Ponys.

Das Mädchen holt „seinen" Mohrle von der Weide. Dann reitet es auf ihm davon.

Felix geht langsam wieder nach Hause. Auf dem
Heimweg stößt er auf eine verzweifelte Reiterin.

Das ist ja das blonde Mädchen von vorhin! Aber was ist mit Mohrle, nein, mit Blacky los? Blacky will offenbar nicht wie das Mädchen. Er bockt und geht einfach nicht mehr weiter. Die Reiterin schlägt ein paar Mal mit der Gerte auf ihn ein.

„Hör sofort damit auf!", ruft Felix und springt hinzu. „Lass mich das machen."

Das fremde Mädchen nickt erleichtert. Felix nimmt Blacky am Zaumzeug und führt ihn. Er geht brav mit.

Das fremde Mädchen schweigt, bis sie kurz vor dem Hof sind. Dann steigt es ab. „Übrigens, ich heiße Chris", sagt es. „Tut mir Leid, dass ich vorhin so unfreundlich war."

Felix zuckt nur mit der Schulter. „Dafür durfte ich ja jetzt Blacky führen."

„Eigentlich finde ich es gar nicht schlecht, dass du dich ein bisschen um Blacky kümmerst. Weißt du, ich habe wenig Zeit und Lust dazu. Meine Oma hat ihn mir zum Geburtstag geschenkt. Und meine Eltern haben hier auf dem Hof einen

Platz für ihn gemietet. Hast du Lust, ab und zu auf ihm zu reiten? Ich komme höchstens einmal die Woche dazu." Sie lacht. „Und das mit wenig Erfolg."

„Darf ich das wirklich?", ruft Felix mit strahlenden Augen.

„Klar", sagt Chris. „Ich sage nachher gleich Herrn Schmid Bescheid. Dann kannst du meinen Blacky reiten, so oft du willst."

Felix ist überglücklich. Das mit dem Reiten wird er sich nicht zweimal sagen lassen. Aber heimlich wird er Blacky wieder „Mohrle" nennen! *Anne Braun*

Die Insel~Pony~ Geschichte

Irgendwo im Atlantischen Ozean liegen ein paar Inseln, auf denen es fast immer regnet. Wenn es

nicht regnet, ist es neblig. Und wenn der Nebel sich verzogen hat, fegt meistens ein wilder Wind über das Land. Nur wenige Bäume wachsen dort und kaum Gras. Die Menschen, die dort wohnen, sind sehr arm. Sie haben gerade genug damit zu tun um satt zu werden. Für Viehfutter können sie kein Geld ausgeben. Deshalb müssen die Pferde,

die auf den Inseln leben, Moos und Flechten fressen, genau wie die Schafe. Und weil kleine Pferde mit weniger Futter auskommen als große, sind die Pferde dort besonders klein. Irgendwann, im vorigen Jahrhundert, besuchte ein fremder reicher Mann diese Inseln. Seine kleine Tochter war sehr krank und er wollte ihr gern etwas von seiner Reise mitbringen.

Als er die Ponys sah, wusste er, was es sein sollte.

So kamen sie zuerst nach England und später auch in andere Länder. Sie sind die kleinste Pferderasse der Welt und alle Kinder lieben sie.

Und weil diese Inseln Shetlandinseln heißen, nennt man die Ponys Shetlandponys. *Sigrid Heuck*

Tinka und der Lutscher

Stolz hängt Julia das Foto von ihrer ersten Reitstunde an die Wand. Ihre kleine Schwester Steffi sieht ihr dabei zu. Über dem Bett ist der richtige Platz für das Bild. So kann Julia es abends anschauen, bevor sie einschläft und morgens, sobald sie aufwacht. Das Pferd auf dem Foto heißt Tinka. Es ist eine kleine, weiße Stute. Weil Tinka so klein ist, denken viele Kinder, Tinka sei ein Pony. In Wirklichkeit ist Tinka aber ein richtiges Pferd.

Tinka mag Kinder. Rote Lutscher mag Tinka auch. Die Reitlehrerin gibt den Kindern nach der

ersten Reitstunde meist einen Erdbeerlutscher.
Tinka bekommt auch eine Belohnung. Eine kna-
ckige Möhre, denn die klebrigen Lutscher sind
schlecht für Tinkas Zähne, sagt die Reitlehrerin.

Julia isst viel lieber Möhren als rote Lutscher.
Deshalb hat sie heimlich mit Tinka getauscht. Julia
aß die Möhre und Tinka knusperte den Lutscher.

Die Reitlehrerin hatte es gemerkt und streng den
Zeigefinger erhoben: „Mach das nicht noch einmal, Julia. Tinka bekommt davon Zahnweh!"

„Ich auch", sagte Julia ganz leise. Seitdem sind
Tinka und Julia Freundinnen. Tinka scharrt freu-
dig mit den Vorderhufen, wenn sie Julia sieht.

So, nun hängt Tinkas Bild endlich an der Wand.

Julia wirft sich auf ihr Bett und sieht das Bild an.
Sie kann sich gar nicht satt sehen daran.

Julias kleine Schwester Steffi hat über ihrem Bett
ein Bild von Alf. Jetzt ist sie neidisch auf Julia, denn
auf Alf kann man nicht reiten.

„Ich finde dein Pferd doof!", sagt Steffi streit-
lustig.

„Pah! Du kennst Tinka ja gar nicht. Tinka ist das tollste Pferd der Welt", faucht Julia zurück.

„Stimmt ja gar nicht. Fury ist viel besser!"

„Ach, Fury gibt es nur im Fernsehen, Tinka aber in Wirklichkeit. Du bist ja eifersüchtig, weil du noch keinen Reitunterricht hast."

„Ich krieg auch bald Reitstunden!", kreischt Steffi. Sie heult schon fast, so wütend ist sie.

„Ja, wenn du neun bist, so wie ich. Du bist aber erst vier. Du musst noch fünf Jahre warten."

Jetzt dreht Steffi sich um und weint. Sobald sie heult, läuft auch ihre Nase und sie hat wieder kein Taschentuch.

Julia gibt ihr eins.

„Komm", sagt Julia, „lass uns nicht mehr streiten. Ich nehme dich morgen auch mit in die Reithalle. Du darfst zugucken."

Steffi putzt sich die Nase und wischt sich die Tränen ab. Sie freut sich, dass sie mitdarf, aber etwas ärgert sie sich immer noch, weil die große Schwes-

ter immer schon alles darf und sie noch nicht. Und das nur, weil Steffi jünger ist.

Am anderen Tag nimmt Julia ihre kleine Schwester tatsächlich mit in die Reithalle. Ganz fest hält Steffi Julias Hand. Es riecht nach Heu und Pferdemist. Steffi und Julia gehen an den Boxen vorbei. Große Pferdeköpfe schauen über die Holztüren und gaffen ihnen nach.

Schneeball, der wilde Hengst, tritt gegen die Stallwände, dass es nur so rumst. Er will raus, nach draußen.

Jetzt kriegt Steffi ein bisschen Angst. Ihr wird unheimlich zumute in diesem dunklen Gang mit all den großen Pferden.

Billy, das Rennpferd, reckt seinen schlanken Kopf durch die Gitterstäbe und will von hinten an Steffis Haaren schnuppern. Billy liebt frisch gewaschenes Haar.

Vor Schreck fällt Steffi auf den Po. Jetzt wiehert Billy. „Wahrscheinlich lacht er mich aus", denkt Steffi.

Die Reitlehrerin begrüßt Steffi und Julia. Weil sie sieht, dass Steffi sich ein bisschen fürchtet, ist sie besonders nett zu ihr. Sie schenkt ihr einen roten Lutscher zur Beruhigung. Vor lauter Aufregung leckt Steffi aber nicht daran. Sie kann die Augen nicht von Tinka lassen. Tinka ist schon gesattelt und die Reitlehrerin hilft Julia aufs Pferd. Steffi würde Tinka gerne streicheln, aber jetzt, da sie vor Tinka steht, findet sie, dass Tinka riesig groß ist. Ein Untier. Was, wenn Tinka beißt?

Die Reitlehrerin sagt: „Du kannst Tinka ruhig streicheln. Sie tut nichts."

Aber Steffi fürchtet sich trotzdem. Da senkt Tinka den Kopf und kommt mit dem Mund ganz nah an Steffis Gesicht. Steffi kann Tinkas warmen Atem spüren.

Steffi wagt es nicht sich zu bewegen. „Sie beißt, sie will mich beißen", flüstert Steffi voller Angst.

Aber Tinka leckt nur an dem roten Lutscher und packt ihn dann zwischen ihre langen Zähne. Laut zerknuspert sie den Lutscher.

Jetzt lacht Steffi und traut sich Tinka am Maul zu berühren. Tinkas Haut ist dort ganz weich und zart. Sie fühlt sich an wie Steffis Lieblingsbadetuch.

Tinka stupst mit ihrer großen, weichen Nase freundschaftlich gegen Steffis Gesicht.

„He", sagt die Reitlehrerin zu Steffi, „hast du den Lutscher schon aufgegessen?"

„Nein, das war Tinka."

„Na, macht nichts", lacht die Reitlehrerin, „ich gebe dir dann dafür Tinkas Möhre."

Zum Einverständnis wiehert Tinka und schleckt Steffi durchs Gesicht.

Klaus-Peter Wolf

Die Überraschung

Miriam rannte zum Geburtstagstisch. Komisch! Da lag kein Päckchen, sondern nur ein Briefumschlag neben ihrem Frühstücksteller. Neugierig machte sie ihn auf und holte eine Karte mit Goldrand heraus. „Gutschein für zehn Reitstunden auf dem Ponyhof" stand darauf.

Miriam sagt erschrocken: „Ich will nicht reiten. Ich wollte ein Spielzeugpony. Ihr wisst genau, dass ich Angst habe vor richtigen Tieren!"

„Wart's ab", sagte die Mutter. „Es wird dir gefallen."

„Ein Ponyhof ist genau das Richtige für dich", sagte der Vater.

Miriam war sauer. Sie hatte nicht die geringste Lust auf den Ponyhof.

Trotzdem fuhr Miriam am nächsten Sonntag mit ihren Eltern zum Ponyhof. Ihre Eltern gingen gleich auf die Koppel. Am liebsten hätte Miriam auf der Stelle kehrtgemacht. Nie im Leben würde sie ein Pony auch nur anfassen! Ihre Eltern würden sich noch wundern!

Als Miriam unschlüssig neben der Stalltür stand, kam ihr ein Mädchen entgegen. Es führte ein Pony an einem Seil. Weil das Mädchen den Kopf drehte und etwas in den Stall zurückrief, stieß es mit Miriam zusammen.

„Oh, Entschuldigung", rief das Mädchen. „Hab ich dir wehgetan?"

Miriam schüttelte den Kopf. Sie hatte einen Kloß im Hals.

„Du bist neu hier", sagte das Mädchen. „Übrigens, ich heiße Sonja. Und du?"

„Miriam", flüsterte Miriam.

„Mist!", sagte Sonja plötzlich. „Jetzt hab ich meine Handschuhe im Stall liegen lassen. Hältst du kurz mein Pony?"

Miriam machte ängstlich einen Schritt rückwärts. „Hey, du hast doch nicht etwa Angst?", fragte Sonja lachend. „Mach dir nichts draus. Mir ging es früher genauso. Aber inzwischen bin ich fast jeden Tag hier."

Miriam kaute an ihrer Unterlippe. „Ponys sind die liebsten Tiere der Welt", fuhr Sonja fort. „Wollen wir zu dritt in den Stall gehen? Komm!"

Miriam gab sich einen Ruck und folgte Sonja und ihrem Pony Maxl.

Maxl blieb brav stehen, während Sonja ihre Handschuhe aus seiner Box holte. „Schau, er möchte gestreichelt werden", sagte Sonja. „Willst du es versuchen?"

Miriam zögerte zuerst. Doch dann streckte sie die Hand aus und berührte vorsichtig die weiche Mähne des Ponys. Wie flauschig sie sich anfühlte!

„Und jetzt verrate ich dir, wie du ihn dir zum Freund machst", sagte Sonja.

Sie nahm zwei Zuckerstücke aus ihrer Hosentasche. Das eine legte sie auf ihre flache Hand und

streckte sie dem Pony hin. Maxl stülpte die Lippen vor und nahm den Zucker in sein Maul.

„Jetzt du!", sagte Sonja und drückte Miriam das andere Zuckerstückchen in die Hand.

Miriam streckte langsam die Hand aus. Ob Maxl sie beißen würde? Maxls Lippen fühlten sich zart an, fast wie Samt! Und schon war der Zucker im Ponymaul verschwunden.

„Braves Tier", sagte Miriam und war richtig stolz auf sich. Sie fuhr noch einmal durch Maxls zottelige Mähne.

„Ist er nicht lieb?", fragte Sonja. „Weißt du was? Du führst ihn jetzt auf die Koppel. Hast du Lust? Ich bin ja dabei!"

Miriam war so begeistert von Maxl und von ihrem eigenen Mut, dass sie nickte.

Ihre Eltern staunten nicht schlecht, als sie Miriam wenig später mit einem Pony am Strick und einem fremden Mädchen aus dem Stall kommen sahen. Die beiden Mädchen redeten und lachten.

„Na, hab ich es nicht gleich gesagt?", sagte Miriams Vater schmunzelnd. „So ein Ponyhof ist genau das Richtige für unsere Tochter."

Anne Braun

Sarotti

Der Zirkusdirektor hatte Sarotti gekauft, weil sie so schön gescheckt war und weil er mit ihr eine Freiheitsdressur zeigen wollte. Warum eine Freiheitsdressur so heißt, weiß ich nicht, denn sie lässt einem Pony keine Freiheit.

Wenn der Direktor mit der Peitsche knallt, soll es im Kreis herumlaufen, steigen oder sich hinlegen, ein Äffchen auf sich reiten lassen oder sich verneigen. Dann klatschen die Zuschauer Beifall und sagen: „Fabelhaft!"

Sarotti tat das alles nicht. Sie stellte sich hin und als der Direktor ihr die Peitsche auf den Rücken knallte, schlug sie nach ihm aus.

„Heimtückisches Biest!", schimpfte er, erkannte aber nicht, warum Sarotti eigentlich stehen blieb.

Zwei kurze Zügel zwangen sie nämlich, ihren Kopf so tief zu halten, dass die dichte Mähne ihre Augen bedeckte und sie nichts sehen konnte.

Sie war es gewohnt den Kopf frei und hoch zu tragen. So ausgebunden war sie beinahe blind.

Als der Zirkusdirektor sich vor ihr umdrehte, biss sie ihn in sein Hinterteil.

„Ponys sind dumm und zu nichts zu gebrauchen!", brüllte der Direktor wütend.

Das hörte August, der Clown.

„Ich finde das gar nicht", widersprach er. „Im Gegenteil, ich halte sie für sehr schlau. Sie sehen eben nicht ein, warum sie immer im Kreis herumlaufen sollen, wenn es doch viel schöner ist geradeaus zu galoppieren. Und sie behalten nichts, was sie nicht einsehen."

„Dann versuche doch selbst, ob du ein Zirkus-
pferd aus diesem Ungeheuer machen kannst", rief
der Direktor zornig.

Als Erstes nahm der Clown Sarotti die Zügel ab.

Dann kraulte er sie in der Mähne. Dem Pony gefiel das, deshalb kraulte es August zurück. Dann nahm der Clown ein paar gelbe Rüben in die Hand und lief in Schlangenlinien durch die Manege.

Und weil gelbe Rüben Sarottis Lieblingsspeise waren, lief sie immer hinter ihm her. August stolperte, fiel hin, schlug Purzelbäume und Saltos. Als er „Komm sofort hierher!" rief, lief sie schnell weg. Und auf den Befehl „Setz dich!" blieb sie stehen. Sie lernte ihren Kopf in Augusts weite Hosentasche zu stecken und sich dort selbst ihren Zucker zu holen. Danach stellte sie sich in die Mitte, während der Clown um die Manege galoppierte und so tat, als sei er das Pony und Sarotti der Herr Direktor.

Als sie das erste Mal ihre Nummer in einer Vorstellung zeigten, brüllten die Leute vor Lachen.

Sie wurden sehr berühmt und nachdem sie genug Geld verdient hatten, kaufte August ein Häuschen auf dem Land mit einer Wiese drum herum.

Dort leben er und Sarotti heute noch.

Sigrid Heuck

Basta und Paulines Bombe

Pauline durfte auf dem Reiterhof helfen. Sie hatte sich das toll vorgestellt. „Bestimmt bin ich den ganzen Tag bei den Pferden", dachte sie, „ich darf sie füttern und striegeln."

Aber so war es leider nicht. Die Pferde grasten auf der Weide, während Pauline ihre Ställe ausmistete. Puh, das stank!

Mit der Mistgabel baggerte Pauline das dreckige Stroh nach draußen. Am liebsten hätte sie sich die Nase zugehalten. Aber mit einer Hand konnte sie die Mistgabel nicht halten.

„Mutti soll noch einmal sagen: ‚Dein Kinderzimmer sieht aus wie ein Pferdestall!' Der werde ich was erzählen. Die hat ja keine Ahnung!", maulte Pauline vor sich hin.

Da erschien Herr Jokel im Stall. Herrn Jokel gehörten die Pferde, der Stall und die Weide. Er trug immer hohe Reiterstiefel und ein schwarzes Käppi.

Ruhig sah er sich im Stall um. Dann lächelte er. „Du hast aber fein sauber gemacht. Sieht es in deinem Zimmer zu Hause auch so schön aus?"

Herr Jokel konnte ja nicht ahnen, wie sehr er damit bei Pauline ins Fettnäpfchen trat.

Vor lauter Aufregung atmete Pauline mehr Luft

ein, als sie brauchte. Das passierte ihr oft. Dann verschluckte sie sich manchmal und stotterte.

Pauline schämte sich deswegen jedes Mal und wurde knallrot. Wenn sie so eine „Bombe" hatte, würde sie am liebsten im Erdboden versinken.

Ihr großer Bruder Jens zog sie gerne damit auf: „Hahaha! Jetzt hat Pauline wieder eine Bombe!" war sein Lieblingssatz.

Aus Angst jetzt wieder zu stottern sagte Pauline nichts. Einen roten Kopf bekam sie trotzdem.

Herr Jokel schien es nicht zu bemerken. Er streckte Pauline seine Hand freundschaftlich ent-

gegen und fragte: „Hast du schon mal ein richtiges Pferd geritten?"

Pauline starrte vor sich auf den Boden und schüttelte stumm den Kopf.

„So ein Mist", dachte sie, „meine Birne brennt wieder wie eine Glühlampe."

Immer noch hielt Herr Jokel seine Hand hin. Pauline traute sich nicht sie zu nehmen. Sie schämte sich wieder ohne genau zu wissen warum.

„Komm!", sagte Herr Jokel. „Basta will dich kennen lernen. Basta ist ein Hengst. Er wird dir gefallen. Er mag Mädchen wie dich."

Irgendwie schaffte Pauline es Herrn Jokels Hand doch zu nehmen. Sie sah ihn nicht an. Aber sie ging neben ihm her zur Weide.

„Sieh nur! Da hinten läuft Basta. Er jagt Schmetterlinge. Er frisst sie nicht. Er riecht nur daran. Aber die Schmetterlinge wissen das nicht. Deshalb haben sie Angst vor ihm und fliehen. Ruf ihn. Dann kommt er."

„Glaub ich nicht", dachte Pauline. „So ein tolles Pferd kommt bestimmt nicht, wenn ich es rufe. Ich mit meiner Bombe."

Herr Jokel drückte Paulines Hand. „Ruf ihn!"

Pauline schloss die Augen, atmete einmal tief durch und hörte sich dann rufen: „Basta! Basta!"

„Lauter! Du musst lauter rufen. Sonst nimmt Basta es nicht ernst."

„Der kommt sowieso nicht", dachte Pauline. Am liebsten wäre sie weggelaufen. Aber Herr Jokel hielt sie fest an der Hand. Ohne sich dabei zu verhaspeln donnerte Paulines Stimme: „Basta! Komm sofort her!"

Pauline traute ihren Augen nicht. Dieses große, schöne Tier wieherte fröhlich und galoppierte folgsam heran. Basta blieb vor Pauline stehen und wartete auf ein Lob. Pauline streckte eine Hand aus und streichelte Bastas Kopf.

Stolz sah Pauline Herrn Jokel an. Ihr Kopf glühte nicht mehr.Es wehte ein kühler Wind.

Plötzlich spürte Pauline: Basta gehorchte ihr. Es war ihm egal, ob sie einen roten Kopf hatte oder nicht.

„K ... k ... können Sie mir beibringen auf ihm zu reiten?", fragte Pauline.

Herr Jokel nickte. „Aber klar. Wir fangen am besten sofort damit an."

Das alles ist jetzt schon fast ein Jahr her. Pauline ist eine begeisterte, mutige Reiterin geworden. Wenn sie mit Basta spricht, stottert sie nie. Einen roten Kopf bekommt höchstens noch Paulines Bruder. Der hat nämlich Angst vor Basta und ist neidisch, weil seine kleine Schwester reiten kann und er nicht.

Klaus-Peter Wolf

Gesche

Gesche war kein schönes Pony. Sie hatte ein dunkelbraunes Fell, eine ziemlich zerrupfte Mähne und einen etwas groben Kopf. Auf einem Auge war sie blind. Als Fohlen war sie von einem Hund in eine Hecke gehetzt worden und dabei hatte sie sich ihr linkes Auge so verletzt, dass sie mit ihm nun nichts mehr sehen konnte.

Gesche gehörte Susanne. Für Susanne war das Pony das Liebste, was sie besaß. Ihm vertraute sie Dinge an, die sie sonst niemand erzählen konnte. Gesche hörte geduldig zu und behielt alles für sich.

Damals, kurz nach dem Krieg, gab es für ein Pony viel zu tun. Susanne spannte Gesche oft vor einen kleinen Wagen. Sie kaufte mit ihr ein, brachte die Wäsche fort und holte sie dann wieder ab. Sie fuhr den Abfall weg und holte Futter für die Ziegen. Im Winter zog Gesche den einfachen Schneepflug und sonntags eine leichte Kutsche.

Es störte Susanne nicht, dass die meisten Kinder über ihr Ponyfuhrwerk lachten. Hauptsache war, dass der Peter nicht lachte. Der Peter war nämlich ihr Freund. Er spielte wunderschön Mundharmonika.

Eines Tages, es war im Februar und viele Leute feierten die Fastnachtszeit, wurde im Dorf ein Kinderfest veranstaltet. Peter und Susanne wollten auch gern hingehen. Aber sie hatten kein Geld. Nicht einmal so viel um sich eine Limonade kaufen zu können.

„Weißt du was?", rief Susanne. „Gesche wird uns helfen es zu verdienen."

„Wie willst du das machen?", fragte Peter erstaunt. „Es ist schon Mittag und das Fest beginnt zur Kaffeezeit."

„Geh schnell heim und hole deine Mundharmonika!", rief Susanne. „Wir treffen uns gleich beim Marktplatz."

Schon rannte sie davon. Peter holte die Mundharmonika und Susanne das Pony. Außerdem

brachte sie noch ein großes Pappschild mit. Darauf stand: Pony-Reiten! Eine Runde kostet fünfzig Pfennige.

Das Schild lehnte sie an eine Hauswand. Bald umringten sie viele Kinder. Peter spielte, während Susanne ein Kind nach dem anderen auf das Pony hob und es einmal um den Marktplatz reiten ließ. In kurzer Zeit hatten sie die stolze Summe von zehn Mark verdient. Das war damals viel Geld.

An diesem Tag konnten sich Peter und Susanne so viel Limonade kaufen, wie sie wollten, und sie luden sogar noch andere Kinder dazu ein.

Eigentlich hätte Gesche mitfeiern sollen, aber Susanne hatte ihr einen besonders großen Arm voll Heu gegeben und das war dem Pony lieber als süße Limonade oder ein Fastnachtsorden.

Und wenn Gesche nicht im stolzen Alter von fünfunddreißig Jahren gestorben wäre, dann lebte sie heute noch.

Sigrid Heuck

Mein Sammy, dein Sammy

Sina und Monja gucken ständig aus dem Fenster.

„Hurra, da ist der Ponyhof!", ruft Sina plötzlich. Sina und Monja sind schon im Kindergarten die besten Freundinnen gewesen. Und auch jetzt, wo sie längst in die Schule gehen, machen sie am liebsten alles zu zweit. Kein Wunder, dass sie sich riesig auf die gemeinsamen Ponyhofferien freuen. Eine Woche lang von morgens bis abends Ponys, Ponys, Ponys!

Auf dem Ponyhof empfängt sie eine junge Frau in Jeans. „Herzlich willkommen. Ich bin Anna, die Besitzerin", erklärt sie.

Sie begleitet die Neuankömmlinge in ihr Zimmer.

Nachdem die beiden Mädchen ihre Sachen im Schrank verstaut haben, stürmen sie nach unten. Sie wollen gleich die Ponys im Stall anschauen.

Mit leuchtenden Augen gehen Monja und Sina an den Boxen vorbei. Dort stehen zwölf Ponys: schwarze, weiße, braune und gescheckte. Neugierig schauen sie den beiden Besucherinnen entgegen und lassen sich gerne die Mähne kraulen.

„Ich weiß schon, auf welchem ich reiten werde",
sagt Monja.

„Ich auch", sagt Sina. „Auf dem niedlichen
Schimmel dort. ‚Sammy' steht an seiner Box."

„Nein, den wollte ich haben", ruft Monja.

„Nein, ich!"

„Nein, ich!"

Keine von beiden will nachgeben. Da laufen sie wütend aus dem Stall.

Monja verschwindet in ihrem Zimmer, doch Sina geht heimlich zu Anna und fragt, ob sie die Woche über auf Sammy reiten darf.

„Meinetwegen", antwortet Anna. „Die Ponys wurden noch nicht zugeteilt."

Nach dem Mittagessen trifft sich Anna mit Sina, Monja und sechs anderen Kindern im Stall. Jedes Kind darf sich ein Pony aussuchen. Sina geht zielsicher zu Sammys Box.

„He!", ruft Monja. „Du tust ja so, als ob Sammy dir gehören würde!"

Sina zuckt mit den Schultern. „Ich tu nicht nur so. Anna hat es mir erlaubt!"

Da begreift Monja. „Du gemeine Kuh!", zischt sie und dreht Sina den Rücken zu. Dann entscheidet sie sich schnell für Schlingel, ein braunes Pony mit einer hellen Mähne.

Monja gibt Schlingel eine Mohrrübe zum Knabbern, damit er sich an sie gewöhnt. Dann nimmt sie ihn am Strick und führt ihn auf die Koppel.

Anna hilft den Kindern beim Aufsteigen. Dann zockeln alle hintereinander im Kreis.

Monja merkt bald, dass Schlingel ein liebes Tier ist. Sie versteht sich gut mit ihm. Aber sie ist trotzdem stinksauer auf Sina. Eine gute Freundin hätte so etwas niemals getan!

Nach dem Reiten müssen die Kinder die Ställe ausmisten und die Ponys striegeln. Das macht sogar Spaß! Monja lacht mit den anderen Kindern. Mit Sina redet sie jedoch kein Wort.

Sina und Monja sagen sich abends nicht einmal Gute Nacht. Auch am nächsten Tag gehen sich die beiden aus dem Weg.

In der zweiten Nacht kann Sina lange nicht einschlafen. Es tut ihr Leid, dass Monja sie nicht mehr mag. Plötzlich hört sie ein leises Wiehern aus dem Stall. Soll sie die anderen wecken? Lieber nicht. Sina will allein nachschauen, was im Stall los ist.

Zum Glück ist Vollmond, und sie findet den Weg zum Stall mühelos. Aber ein bisschen Angst hat sie schon.

Sammy wälzt sich in seiner Box und wiehert. Bestimmt hat er Schmerzen. Was jetzt? Sammy braucht Hilfe!

Streit hin oder her – das hier ist ein Notfall! Sina muss mit Monja reden! Sie rennt ins Haus zurück und weckt sie.

Monja ist sofort hellwach. „Wir müssen Anna holen", sagt Monja. „So was kann gefährlich sein."

Anna sieht auf den ersten Blick, was los ist, und ruft den Tierarzt an. Er kommt gerade noch rechtzeitig. „Sammy hat eine Darmverschlingung", sagt er. „Das hätte schlimm ausgehen können. Aber zum Glück hast du das Pony ja wiehern hören. In zwei, drei Tagen ist Sammy wieder gesund."

„Du", sagt Sina vorsichtig zu Monja, „ich hab eine Idee. Wenn Sammy wieder gesund ist, können wir ja abwechseln. Du reitest morgens auf Schlingel und nachmittags auf Sammy und ich umgekehrt."

Monja lächelt. „Einverstanden", sagt sie. „Gute Freundinnen teilen alles."

Anne Braun

Tschintschin

oder eine nicht ganz wahre
Gutenacht-Ponygeschichte

Äußerlich war Tschintschin wie jedes andere Pony
auch. Sein Fell war nachtschwarz. Er hatte eine lange schwarze Mähne und einen langen schwarzen
Schweif. Nur auf der Stirn hatte er einen kleinen
weißen Stern.

Da, wo Tschintschin zu Hause war, gab es viele
Ponys, die so aussahen wie er. Es war eine ganze
Ponyherde. Und es gab natürlich jemanden, der
auf die Herde aufpasste.

Eines Tages wurde es Tschintschin zu langweilig. Deshalb lief er davon. Über Wiesen und Fel-
der lief er. Er watete durch Bäche und schwamm
durch Flüsse. Er kletterte die Berge hinauf und
drüben wieder hinunter.

Auf einmal war er in der Wüste.

Irgendwo zwischen zwei Dünen begegnete Tschintschin einem Mann auf einem Kamel.

„Hallo!", rief der Mann erstaunt. „Wo willst denn du hin?"

„Irgendwohin, wo es lustig ist", sagte Tschintschin und schüttelte den Kopf, dass die Mähne nur so flog. „Und wohin reitest du?"

„Nach Hause", antwortete der Mann.

„Na, dann auf Wiedersehen!", rief Tschintschin und lief weiter. Auf einmal stand er am Meer.

„Macht nichts", tröstete er sich selbst. „Ich kann ja fliegen."

Er erhob sich in die Luft und flog über das Wasser. Als er schon fast am anderen Ufer angekom-

men war, begegnete ihm ein großer Fischadler.

„Ein Pony hat in der Luft überhaupt nichts verloren!", schimpfte er.

„Verzeihung", sagte Tschintschin, „ich wollte
bestimmt niemanden ärgern."

„Was wolltest du dann?"

„Etwas erleben", erklärte ihm das Pony.

„Na, dann weiterhin viel Glück. Ich fliege jetzt
nach Hause."

„Immer gehen alle nach Hause", dachte das
Pony. „Wie langweilig!"

Doch weil es nicht aufpasste, flog es mitten in
eine dicke Wolke hinein. Sie war düster und feucht.

Da strengte sich Tschintschin an und stieg ein bisschen höher, aber er passte wieder nicht auf und stieß mit dem Mond zusammen.

„Hab' ich dich endlich!", schimpfte der Mond. „Was fällt dir ein dich immer hinter deinen Haaren zu verstecken und dann wegzulaufen?"

Er holte schnell eine große Schere und schnitt mit ihr Tschintschins Mähnenschopf ab.

Da strahlte auf einmal der kleine Stern auf seiner Stirn. Genauso hell leuchtete er wie die anderen Sterne auch.

Seither steht das Pony jede Nacht am Himmel und weil sein Fell nachtschwarz ist, kann man nur den Stern auf seiner Stirn sehen.

Tschintschin nahm sich vor bald wieder wegzulaufen, aber es muss warten, bis sein Mähnenschopf nachgewachsen ist.

Und wenn dann eines Nachts ein Stern weniger am Himmel leuchtet, dann wissen alle Sterngucker auf der Erde, dass Tschintschin wieder einmal ausgerissen ist.

Sigrid Heuck

Der Prinz und die Pferde mit den Teufelshörnern

Es war ein heißer Sommertag.

Stolz schritt Prinz über seine Weide. Er schnaubte und ließ die Mähne im Wind flattern. Er wusste, die Kühe auf der Nachbarweide sahen ihm zu. Sie beneideten ihn. Sie hätten auch gerne so viel Platz gehabt. Und so eine schöne Mähne wünschten sie sich ebenfalls.

Sie standen zu fünft auf ihrer Weide und zankten sich ständig um die besten Futterplätze. Prinz dagegen hatte die große Weide für sich alleine.

Er musste auch nicht altes Regenwasser aus einer Badewanne trinken wie die Kühe. Oh nein. Quer durch seine Wiese sprudelte ein kleiner Bach mit köstlich kühlem Bergwasser.

Das Trinkwasser der Kühe wurde an so heißen Tagen wie heute in der Wanne viel zu warm. Es schmeckte dann gar nicht mehr erfrischend. Prinz stellte sich mit allen vier Hufen in seinen Bach und hielt das Maul ins Wasser.

Hm! Das tat gut. Er schüttelte den Kopf und spritzte mit den Wassertropfen. Er hatte ja genug davon.

Aber obwohl Prinz eine herrliche Mähne besaß und einen sprudelnden Bach, beneidete er die Kühe. Denn sie waren zu fünft und er war allein. Immer. Außer sonntags, wenn sein Herrchen kam, ihn sattelte und mit ihm ausritt.

Ein bisschen fürchtete Prinz sich auch vor den Kühen, denn sie hatten Hörner. Für ihn sahen sie aus wie Teufel.

Um den Apfelbaum am anderen Ende ihrer Weide beneidete er sie. Gern hätte er einmal von den grünen Äpfeln probiert. Aber heute war ein besonderer Tag, denn Berta, die dicke Milchkuh, sprach zum ersten Mal in ihrem Leben ein Pferd an. Und das machte sie so: Sie stellte sich vor dem Zaun auf, sah Prinz an, nickte einmal, hob den Kopf und sagte: „Hallo Prinz! Ich heiße Berta. Wenn du mir von deinem frischen Wasser gibst, bekommst du von mir einen Apfel."

Ihre Worte waren nett gemeint. Aber Prinz verstand nur: „Muhh! Muuuhhh!" Zur Antwort rief er ängstlich: „Tu mir nichts, ich tu dir auch nichts!"

Für Berta hörte sich das so an: „Wiiihh, Brschup, Wiiihhh!"

„Du bist zwar schön", sagte Berta, „aber auch ein bisschen blöd. Ich verstehe kein Wort von dem, was du sagst."

Wieder hörte es sich an wie: „Muuhhh!"

Dafür erschienen ihre Hörner Prinz immer bedrohlicher.

Sie will mich stechen, dachte er und floh in die äußerste Ecke seiner Weide. Ganz dicht drückte er sich dort an den Zaun.

Berta fühlte sich dadurch ermuntert. Sie muhte zu den anderen: „Seht nur, er lädt uns ein. Kommt, hier ist der Zaun so wackelig, gemeinsam kippen wir ihn um! Dann können auch wir frisches, kühles Wasser trinken."

„Am besten bringen wir dem schönen Prinz ein paar Äpfel mit, dann freut er sich!", rief Bertas Schwester Anneliese. Gleich sammelte sie unter dem Baum Äpfel auf. Aber ihre Vorfreude auf das kühle Wasser war so groß, dass sie die Äpfel auch gleich auffraß.

Berta und ihre Freundinnen drückten den Zaun ein und schon standen sie auf Prinz' Wiese.

Prinz zitterte vor Angst. Er wieherte: „Hilfe! Die Pferde mit den Teufelshörnern kommen! Sie wollen mich stechen!" Aber die Kühe taten ihm nichts.

Anneliese kam mit einem Apfel im Maul auf Prinz zu. Prinz fürchtete sich sehr, weil er nicht verstand, was sie von ihm wollte.

Aber dann rollte sie den Apfel vor seine Hufe und er begriff: Die Kühe sind keine Teufel. Sie piksen ihn nicht mit ihren Hörnern. Nicht einmal aus Versehen. Seitdem hat Prinz' Herrchen den Zaun schon oft repariert. Aber immer wieder reißen die Kühe ihn ein und Prinz ist nicht mehr allein.

Klaus-Peter Wolf

Das Ponykind

Niemand hatte geahnt, dass die Stute Gitta in der Nacht ihr Fohlen bekommen würde. Es kam zu früh und Gitta war im Stand angebunden. Gewöhnlich fohlen die Stuten auf der Weide oder in einem größeren Laufstall ab. Doch Gitta hing im Stand fest und als das Fohlen kam, konnte sie sich nicht umdrehen. Es war ihr fünftes Kind und sie war gewohnt sich gleich nach der Geburt um es zu kümmern.

Diesmal war das nicht möglich. Gitta zog und zerrte an dem Strick, aber es half nichts. Sie musste hilflos mit ansehen, wie das Kleine hinter ihr aufstand und im Stallgang herumtorkelte.

Zuerst starb sie fast vor Angst und Sorge, doch nach mehreren Stunden gab sie auf. Irgendein geheimnisvoller Vorgang in ihrem Gehirn verursachte, dass sie ihr Fohlen vergaß.

Am nächsten Morgen tat sie, als wenn sie nie ein Kind gehabt hätte.

Das war schlecht für das Fohlen, denn es hatte großen Durst und brauchte ganz dringend die Muttermilch. Wir versuchten alles um Gitta umzustimmen.

Wir hielten ihr das Fohlen vor die Nase und ans pralle Euter. Wir hoben eines ihrer Hinterbeine, damit sie das Kleine nicht schlagen konnte, und hielten sie dabei fest. Aber Gitta blieb einfach unnachgiebig. Sie wehrte sich mit allen ihr zur Verfügung stehenden Kräften und tat, als sei ihr das Fohlen völlig fremd.

Es half alles nichts, wir mussten Gitta abmelken und das Fohlen künstlich ernähren.

Das ist mit großer Mühe verbunden. So ein Pferdekind braucht nämlich alle zwei Stunden seine Milch und das Tag und Nacht.

Wir nannten es „Lütte", weil es eine Stute und besonders winzig war.

Bald war Lütte der Ansicht ihre Mutter sei eine Menschenfrau. Eine Menschenfrau brachte ihr

immer die Milch und eine Menschenfrau küm-
merte sich auch sonst um ihr Wohl.

Solange sie noch klein war, durfte sie im Hof
herumlaufen. Dort untersuchte sie jede Ecke,
steckte ihre Nase in den Hühnerstall, erschreckte
die Hühner oder trank die Katzenmilchschüs-
seln leer. Sie nahm den Stallbesen zwischen die

Zähne und rannte entsetzt davon, weil ihr der Besenstiel um die Ohren schlenkerte. Sie konnte nicht begreifen, dass sie ihn nur loslassen musste, damit er wieder herunterfiel.

Bald machte sie so viel Unfug, dass wir beschlossen sie zu den anderen Ponys auf die Weide zu lassen.

Dort stand sie und schrie. Sie weigerte sich zu fressen und magerte ab.

So kam sie wieder auf den Hof zurück.

Sie lernte schnell, wie man die Küchentür öffnet, und fand auch bald den Weg in die Speisekammer heraus.

Die Blumen vor dem Haus schmeckten ihr besonders gut. Es dauerte nicht lange, bis dieser Zustand so untragbar geworden war, dass wir sie abermals auf die Weide bringen mussten. Damals war Lütte fünf Monate alt. Wieder schrie sie empört, aber diesmal blieben wir hart.

Allmählich gewöhnte Lütte sich an die Herde. Sie wuchs zu einer hübschen Stute heran und als sie später ein eigenes Fohlen bekam, hing sie mit großer Zärtlichkeit an ihm.

Sigrid Heuck

Wer rettet das Zirkuspony?

Benjamin ist heute zum ersten Mal allein im Zirkus. Es ist eine Nachmittagsvorstellung. Deshalb sind fast nur Kinder da. Nach dem Clown kommt endlich die Ponynummer. Benjamin findet Ponys toll.

   Die Zirkusponys laufen im Kreis. Ein Mädchen führt die schwierigsten Kunststücke auf dem Rücken der Ponys vor. Es trägt ein silbernes Trikot.

Auf dem einen Pony macht es zuerst einen Handstand, dann einen Salto. Danach landet es auf dem Rücken des Ponys dahinter. Zum Schluss stehen die drei Ponys in einer Reihe nebeneinander. Auf ein Kommando des Mädchens stellen sich alle auf ihre Hinterfüße und machen „Männchen". Benjamin mag es, wenn Ponys „Männchen" machen.

Doch plötzlich lässt jemand in der hinteren Reihe einen Luftballon platzen. Benjamin zuckt zusammen. Auch eines der Ponys erschrickt so sehr,
dass es stolpert und hinfällt. Danach will es nicht
mehr aufstehen. Der Clown von vorhin kommt in
die Manege gelaufen und führt das humpelnde
Pony hinaus.

Benjamin kann den Rest der Vorstellung gar nicht mehr genießen. Das arme Pony geht ihm nicht aus dem Kopf. Deshalb läuft er nach der letzten Nummer zu den Zirkuswagen.

Da hört er den Zirkusdirektor mit dem Mädchen im silbernen Trikot reden. „Bonny muss weg, und fertig! Er ist eh schon alt. Und ständig hat man mit ihm Ärger."

Benjamin schleicht näher.

„Aber er war doch immer so lieb", sagt das Mädchen. „Er hat es sich verdient, dass er bei uns bleiben darf."

„Unsinn", widerspricht der Direktor. „Wir können uns keine unnützen Mäuler leisten. Das Bein ist womöglich gebrochen. Er muss eingeschläfert werden."

Benjamin ist entsetzt. Das darf doch nicht wahr sein! Dann hat er eine Idee. Er nimmt all seinen Mut zusammen und geht zum Direktor hin. „Kann ich das Pony haben? Ich weiß einen guten Platz für es."

„Meinetwegen", murrt der Direktor. „Jetzt, wo Bonny humpelt, können wir nichts mehr mit ihm anfangen."

Benjamin streichelt Bonny über das schimmernde braune Fell. Dann bedankt er sich bei dem Zirkusdirektor und bindet ein Seil an Bonnys Halfter. Brav lässt das Pony sich von ihm führen. Zum Glück wohnt Benjamin nicht weit weg.

Seine Eltern sind natürlich entsetzt, als Benjamin mit einem Pony ankommt. „Aber ich will es

doch nicht hier behalten", beruhigt Benjamin seine Eltern. „Ich rufe Onkel Willi an. Auf seinem Hof ist bestimmt noch Platz für ein armes, altes Pony."

Onkel Willi hat einen Bauernhof mit Hühnern, Kühen und fünf Ponys. Die Ponys leiht er an Kinder zum Reiten aus. „Klar!", sagt Onkel Willi. „Ich komme später vorbei."

Am gleichen Abend lädt Onkel Willi Bonny auf seinen Anhänger. Als er das Bein sieht, schüttelt er den Kopf. „Das wird wahrscheinlich nie mehr richtig heilen", sagt er. „Bei einem so alten Pony erst recht nicht."

„Das glaub ich nicht!", sagt Benjamin. „Bonny muss einfach wieder gesund werden!"

Die Kinder, die regelmäßig auf Onkel Willis Hof zum Reiten kommen, lachen, als Benjamin sein humpelndes Pony in den Stall führt.

„Was willst du denn mit dem alten, kranken Klepper?", ruft Julian spöttisch.

Aber Benjamin hört nicht hin. Endlich hat er ein eigenes Pony, und dazu ein ganz besonderes.

Jeden Nachmittag nach der Schule geht er zu
Onkel Willis Hof, um sich um Bonny zu kümmern.
Er stützt sein verletztes Bein mit einer elastischen
Binde und führt ihn über den Hof, damit er das Lau-
fen nicht verlernt. Und tatsächlich – mit jedem Tag
humpelte Bonny etwas weniger.

Als er eines Tages überhaupt nicht mehr humpelt, hat Benjamin eine Idee. Er will sehen, ob
Bonny die Kunststücke aus dem Zirkus noch kann.
Hinter der alten Scheune, wo selten jemand hin-
kommt, versucht er es. „Und hoooooch!", ruft er
wie das Mädchen vom Zirkus.

Sofort schwingt Bonny die Vorderfüße in die Luft und steht fast eine Minute lang nur auf den Hinterfüßen. Danach schaut er Benjamin fragend an.

„Gut gemacht, Bonny", sagt Benjamin und gibt ihm ein Stück Würfelzucker. Auch die anderen

Tricks beherrscht Bonny noch alle. Wenn Benjamin anfängt zu singen, dreht Bonny sich im Kreis. Wenn er „Und tiiiief!" ruft, knickt er die Vorderfüße ein.

Eines Tages kommen die anderen Kinder zufällig dazu.

„Mann, das ist ja toll!", ruft Julian. „Dein Bonny ist eine richtige Attraktion." Er überlegt. „Du, sag mal", beginnt er dann zögernd. „Wir machen am Samstag ein Schulfest und sammeln Geld für leprakranke Kinder in Afrika. Hättest du nicht Lust, mit deinem Bonny aufzutreten? Das wäre die Sensation!"

„Was? Mit dem alten Klepper?", fragt Benjamin spöttisch.

Julian versteht. „War doch nicht so gemeint", murmelt er.

„Na schön, Entschuldigung angenommen", sagt Benjamin großzügig. „Wenn es für einen guten Zweck ist, werden Bonny und ich kommen."

Benjamin weiß, dass Bonny ihn nicht enttäuschen wird. Und er weiß auch, dass Bonny sich über den Applaus freuen wird. Das wird für ihn sein wie zu Hause im Zirkus. *Anne Braun*

Jan passt auf

Stundenlang konnte der rothaarige Jan am Zaun stehen und den Pferden zusehen. Es waren zwölf, genauso viele, wie Jan Sommersprossen auf der Nase hatte, und er kannte sie alle mit Namen.

Es gab zwei Fohlen auf der Weide. Luntrus und Ajax. Beide noch keine acht Wochen alt. Mit ihren langen dürren Beinen stelzten sie ungelenk über das Gras.

Doch Jans Lieblingspferd hieß Fury.

Fury war schwarz wie die Nacht, hatte aber weiße Zähne und helle, wache Augen.

Wenn Fury über die Weide preschte, dann kam kein anderes Pferd mit. Fury war schneller als alle anderen. Aus lauter Freude lieferte Fury sich Wettrennen mit den Autos, die an der Weide vorbeifuhren. Jan sah dabei zu und feuerte Fury an.

„Schneller, Fury! Den Mercedes schaffst du leicht! Schneller!"

Die Weide war groß. Einige hundert Meter führten an der Straße entlang. Manchmal schaffte Fury es ein Stückchen neben einem Auto herzugaloppieren. Aber meistens gewannen die Fahrzeuge.

Die Weide lag nämlich an einer Schnellstraße. Trotz der schönen Landschaft huschten die Autofahrer nur eilig vorüber ohne sich umzuschauen.

Nur die Kinder auf den Rücksitzen blickten manchmal zur Weide und bestaunten die Pferde. Besonders Fury.

Jans Eltern mochten es nicht, wenn ihr Sohn den Tag an der Weide verbrachte.

Sie fanden den Grasstreifen zwischen Straße und Weide viel zu schmal.

„Eines Tages fährt dir noch mal jemand den Hintern ab!", sagte Jans Vater oft. „Die Straße ist gefährlich nah an der Weide."

Aber Jan passte gut auf sich auf. Heute stimmte etwas ganz und gar nicht.

Die Pferde waren merkwürdig nervös. Statt ruhig zu grasen wie sonst um diese Zeit standen sie in einer Traube zusammen. Dann stoben sie auseinander und jagten wie von wild gewordenen Bienen verfolgt am Zaun entlang.

Fury stieg auf die Hinterbeine und wieherte. Sein Wiehern war auch anders als sonst. Nicht die übliche freundliche Begrüßung, wenn Fury Jan sah.

Das Wiehern war aufgeregter. Es klang wie eine Warnung. Wie Vaters Stimme, wenn er sagte: „Eines Tages fährt dir noch jemand den Hintern ab."

Dann sah Jan den Grund für die Aufregung: Ein Teil des Weidezauns war eingerissen. Zerbrochene Holzlatten ragten in die Luft. Draht kringelte sich auf der Erde wie eine müde Schlange.

Da ist bestimmt ein Autofahrer in den Zaun reingerast, dachte Jan. Die Pferde können ausbrechen und auf der Straße angefahren werden.

Jan zuckte zusammen. Wo waren die Fohlen? Ach ja, da stand Ajax bei seiner Mutter. Aber Luntrus, der Wildfang, war nicht zu sehen.

„Was soll ich tun?", fragte sich Jan. „Bestimmt ist Luntrus durch das Loch im Zaun ausgebrochen. Was, wenn er auf die Straße läuft ... Vielleicht ist er längst ..."

Da hörte Jan die ersten Autos hinter der Kurve hupen.

Er rannte los. Nur schnell zum Reitstall!

Fury trabte neben Jan her.

Schon von weitem rief Jan: „Herr Reuter! Herr Reuter! Der Zaun ist kaputt! Luntrus steht mitten auf der Straße! Er ist allein!"

Herr Reuter war gerade dabei seinen Sattel einzufetten. Er ließ ihn erschrocken fallen. Noch nie hatte Jan Herrn Reuter so schnell laufen sehen.

„Bleib du hier, damit nicht noch mehr Pferde ausbrechen!", rief er Jan zu. „Ich fange Luntrus ein!"

Jan versperrte den Pferden breitbeinig den Weg.
Aber das wäre gar nicht nötig gewesen. Sie

blieben sowieso auf der Weide.

Eine halbe Stunde später kam Herr Reuter mit Luntrus zurück.

Beide schwitzten. Herrn Reuters Kopf war rot.

„Den Zaun werde ich reparieren."

Er trieb Luntrus auf die Weide. Dann nahm er Jans Hand und bedankte sich: „Du hast fein aufgepasst. Ohne dich hätte die Geschichte schlimm ausgehen können. Herzlichen Dank. Sobald Luntrus groß ist, darfst du auf ihm reiten. Wenn du möchtest."

Klaus-Peter Wolf

Der schlaue Rico

Rico war ein besonders kluges Pony. Seine Lieblingsbeschäftigung außer Schlafen war Fressen. Wenn ihn niemand davon abhielt, fraß er von morgens bis abends ohne Pause.

„Rico ist wieder viel zu fett", sagte die Frau, der er gehörte.

So versuchte sie ihn vom Fressen abzuhalten, indem sie ihn in einen Sandauslauf sperrte.

Leider hatte sie nicht mit Ricos Schlauheit gerechnet. Er bekam schnell heraus, wie man sich durch einen Zaun windet. Zuerst fraß er sich auf der Wiese des Nachbarn satt. Darüber ärgerte sich der Nachbar, weil er das Futter für seine Kühe brauchte. Er brachte das Pony zurück und flickte den Zaun.

Beim nächsten Mal brach Rico in den Garten des Pfarrers ein und holte sich dort die Falläpfel. Das nahm ihm die Pfarrköchin sehr übel, denn sie hatte vorgehabt von den Äpfeln Apfelmus zu kochen. Laut schimpfend brachte sie ihn zurück und bat den Nachbarn den Zaun noch einmal auszubessern.

Kaum war er damit fertig, brach Rico wieder aus. Doch diesmal hatte er keinen großen Hunger. Der Sinn stand ihm nach Leckereien.

Er stellte sich in aller Ruhe auf die Dorfstraße und überlegte. Auch als ein Auto daherkam, ließ er sich nicht stören. Der Autofahrer musste scharf bremsen, doch Rico überlegte weiter.

„He!", brüllte ihn der Mann am Steuer an. „Geh aus dem Weg!"

Neugierig trippelte das Pony näher. Es hatte schon oft Spaziergänger angebettelt, die an seiner Weide vorbeigekommen waren. Einige von ihnen hatten es mit Würfelzucker und altem Brot gefüttert und das hatte ihm sehr gut geschmeckt.

Das haltende Auto war ihm einen Versuch wert. Also steckte Rico seinen Kopf durchs Autofenster und stupste den Fahrer am Arm.

„Unverschämtheit!", schimpfte der Mann. Rico stupste weiter.

„Der will was", sagte der Beifahrer.

Und als das Pony einen Keks bekam, zog es den Kopf zurück. Der Mann durfte weiterfahren.

Doch hinter ihm hatte ein zweiter Autofahrer anhalten müssen. Bevor er wusste, wie ihm geschah, hatte er eine feuchtwarme Ponynase im Gesicht, die ihn abschnupperte.

„Ist der aber süß!", rief seine Frau und kramte ein paar Bonbons aus der Tasche. Mit den Bonbons auf der Zunge wandte Rico sich dann dem dritten Auto zu. So ging das immer weiter und bald versperrte eine lange Autoschlange die Durchfahrt durch das Dorf. Auch der Gegenverkehr kam rasch zum Erliegen.

„Was ist los?", schrien die Leute. „Warum müssen wir halten?" Und sie schimpften und hupten.

Rico störte das nicht weiter.

Irgendwann holte irgendwer die Polizei. Weil aber in keiner Polizeivorschrift zu finden war, wie man einem Pony einen Strafzettel ausstellt, blieb es bei einer Ermahnung.

Natürlich wurde Rico wieder in seinen Auslauf gesperrt. Und seine Besitzerin kostete es viel Zeit und Mühe den Zaun ausbruchsicher zu machen.

Aber alle Leute, die Rico kennen, wissen, dass ihm bald wieder etwas Neues einfallen wird, denn dumm ist er nicht.

Das kann niemand behaupten.

Sigrid Heuck

Spurensuche

Eigentlich fand Arno den Sonntagsspaziergang mit seinen Eltern langweilig. Vater tat nur so, als ob er Arno die verschiedenen Gräser am Wegrand erklären wollte. In Wirklichkeit war Vater mit seinen Gedanken ganz woanders.

Sie waren nämlich dabei ein Haus zu bauen. Deshalb gab es tausend Dinge, die wichtiger waren als Arno.

Vater und Mutter wogen gerade ab, ob es besser sei rote Dachziegel zu nehmen oder schwarzen Schiefer.

„Wenn ich Zement wäre", dachte Arno, „würden sie sich mehr für mich interessieren. Aber leider bin ich nur ihr Kind."

Da fand Arno das Hufeisen.

Angeblich bringen Hufeisen ja Glück. Arno wollte es seinen Eltern zeigen. Aber die sahen gar nicht hin.

Mutter erklärte Vater gerade die Vorzüge von Naturschiefer gegenüber Kunststoffschiefer.

„Dann eben nicht", dachte Arno und steckte das Hufeisen ein.

Die Spuren der Pferde waren deutlich in den Boden eingegraben. Wie ein Indianer auf Kriegspfad verfolgte Arno sie. Die Abdrücke kamen von mehreren Pferden. Mindestens drei waren es. Eins davon hatte das Hufeisen verloren.

Arno konnte es genau sehen. Der Abdruck war anders als bei den anderen Pferden. Nur drei tiefe Spuren mit scharfen Rändern und ein leichter Abdruck von dem Fuß ohne Hufeisen.

Arno kam sich vor wie ein Spurensucher. Ein Indianer auf der Fährte von drei Reitern. Plötzlich fand er den Spaziergang gar nicht mehr langweilig.

Dort war ein Pferd in den Wald abgebogen. Die beiden anderen waren auf dem Weg geblieben.

Nach ein paar Metern liefen die Spuren wieder zusammen. Aber neben den Hufabdrücken konnte Arno auf dem weichen Waldboden auch noch Fußstapfen sehen.

Arno grinste.

Das Pferd hatte seinen Reiter im Wald abgeworfen und war ohne ihn zu den anderen zurückgekehrt.

Ein Stückchen weiter hörten die Fußspuren plötzlich auf. Hier war der Reiter also wieder in den Sattel gelangt. Aber was war das?

In den Abdrücken ohne Hufeisen gab es dunkle Flecken. Auf den Grashalmen konnte Arno es genau erkennen: Blut.

Das Pferd hatte also nicht nur ein Hufeisen verloren. Es war auch verletzt und die Reiter wussten nichts davon. Sonst wären sie nicht einfach weitergeritten.

Oben am Berg angekommen, konnte Arno die drei Reiter sehen. Sie ritten durch das Tal.

Vater und Mutter wollten nun auf einer Bank ihren mitgebrachten Kaffee trinken. Arno nutzte die Zeit und lief zu den Reitern.

„Ihr Pferd hat ein Hufeisen verloren", sagte Arno, „und es blutet. Besser, Sie steigen ab!"

Der Reiter tat, was Arno gesagt hatte und sah

sich genau die Beine seines Pferdes an.

„Du hast Recht. Joker hat sich verletzt." Das Pferd hieß also Joker. Arno streichelte es. Joker war braun mit einem weißen Stern auf der Brust.

Das Hufeisen durfte Arno behalten. Als er zu seinen Eltern zurückkam, stritten sie sich gerade über die Farbe der Kacheln im Badezimmer.

Arno hörte gar nicht zu.

„Wenn ich ein eigenes Zimmer bekomme", dachte er, „dann hänge ich dort mein Hufeisen auf."

Dann ging er in den Wald um neue Spuren zu suchen.

Klaus-Peter Wolf

Katja setzt sich durch

Katja ist acht Jahre alt und weiß ganz genau, was sie will. Nur ihre Eltern scheinen das noch nicht begriffen zu haben.

Beim Mittagessen sagte sie zu ihnen: „Habt ihr schon gesehen, was für niedliche Ponys es auf dem Ponyhof gibt? Ich möchte unbedingt reiten lernen."

„Aber Katja", antwortete ihre Mutter kopfschüttelnd. „Du hast deine Schulaufgaben, den Klavierunterricht und die Ballettstunden. Das reicht."

„Bitte, Papi", bettelte Katja und machte ganz große Augen. Damit bekam sie ihren Vater oft weich.

Aber der schüttelte nur den Kopf.

„Außerdem wird man beim Reiten schmutzig, denk nur an die Ställe", sagte ihre Mutter.

Katja dachte: „Dann muss es eben auch so gehen."

Gleich am nächsten Tag marschierte sie zu Herrn Maikamp, dem Besitzer des Ponyhofs. „Kann ich Reitstunden bekommen, wenn ich ab und zu beim Ausmisten der Ställe helfe?"

Herr Maikamp lachte. „Klar! Wenn du so wild aufs Ausmisten bist! Wir können jede Hand gebrauchen."

Von da an kam Katja zweimal in der Woche zum Ponyhof. Ihren Eltern sagte sie, sie sei bei ihrer Freundin Maria. Katja mistete aus, striegelte die Ponys und verteilte das Futter. Dafür durfte sie auf Silver, einem Shetlandpony, reiten lernen. Die beiden verstanden sich prima.

Als Katja mal wieder im Stall stand und ausmistete, kam Herr Maikamp dazu. „Na schon fertig?", fragte er. „Übrigens, am Sonntag in einer Woche findet ein großes Fest statt. Zehn Jahre Ponyhof Maikamp. Willst du nicht mit deinen Eltern kommen? Dann können sie sehen, welche Fortschritte du schon gemacht hast."

Katja biss sich auf die Lippen. Es stimmte, sie

konnte schon ziemlich gut reiten. Sie traute sich sogar schon, über einen Baumstamm zu springen. Und ihre Eltern würde sie irgendwann einweihen müssen. Wenn sie nicht sowieso schon etwas ahnten. Sie ging in letzter Zeit auffällig oft zu ihrer Freundin Maria. „Gerne!", sagte sie zu Herrn Maikamp. „Meine Eltern freuen sich bestimmt." Vielleicht taten sie das ja wirklich!

„Aber Katja", sagte ihre Mutter, als Katja sie fragte. „Hast du noch nicht aufgegeben? Reiten ist doch nichts für dich."

„Trotzdem, Mami", sagte Katja. „Bitte!"

So kam es, dass Katja mit ihren Eltern an diesem Sonntag zum Ponyhof ging. Viele Leute waren gekommen. Katjas Eltern stießen rasch auf Bekannte. Deshalb bemerkten sie nicht, dass ihre

Tochter bald in der Menge verschwand. Erst als Herr Maikamp über Mikrofon verkündete, dass gleich eine Ponyformation vorgeführt würde, hielten sie nach Katja Ausschau. Doch sie war nirgends zu sehen.

Wenig später kamen sechs Reiterinnen auf Ponys aus dem Stall geritten. Katja saß auf ihrem geliebten Silver.

„Sag mal, das Mädchen auf dem dritten Pony, ist das nicht Katja?", fragte Katjas Vater erstaunt.

Die Mutter nickte nur mit offenem Mund.

Katja ritt fehlerfrei in der Formation mit. Ab und zu schielte sie zu ihren Eltern hinüber. Aber ansonsten konzentrierte sie sich natürlich nur auf ihr Pony und die Gruppe.

Nach der Vorführung klatschten die Zuschauer begeistert Beifall. Langsam schlenderte Katja danach zu ihren Eltern.

„Das hat sie von dir", sagte ihr Vater gerade zu ihrer Mutter.

„Oh nein, diesen Dickschädel kann sie nur von dir haben", widersprach die Mutter.

„Im Grunde bin ich stolz darauf, dass unsere Tochter ihren eigenen Kopf hat", sagte der Vater schmunzelnd. „Ich weiß zwar noch nicht, wie sie es angestellt hat, aber das werden wir noch erfahren."

„Nun ja, wenn es ihr so großen Spaß macht", sagte die Mutter schulterzuckend.